MACPHERSON
MAGAZINE chefs

RECETA PATATAS EN SALSA VERDE CON BACALAO SKREI

Joaquín Palazuelos

UN LIBRO MACPHERSON MAGAZINE

https://macphersonmagazineeditorial.com

Título original: Macpherson Magazine Chef's - Receta Patatas en salsa verde con bacalao Skrei

Receta de: Joaquín Palazuelos

MACPHERSON MAGAZINE

DISEÑO Macpherson Magazine   DIRECTOR ARTÍSTICO Macpherson Magazine
JEFE EDITORIAL Macpherson Magazine DIRECTOR EDITORIAL Javier Rodríguez Macpherson

CONTROL DE PRODUCCIÓN
Macpherson Magazine

MACPHERSON MAGAZINE

EDITOR ARTÍSTICO Macpherson Magazine
EDITOR EJECUTIVO Macpherson Magazine

Publicado originalmente en España en 2019 y revisado en 2019.
Esta edición: publicada en 2019 por
Macpherson Magazine, Barcelona

Copyright © 2019 Macpherson Magazine, Inc.

Copyright diseño de páginas © 2019 Macpherson Magazine, Inc.

Publicación de Editorial Macpherson Magazine, Inc.

www.macphersonmagazineeditorial.com

Patatas en salsa verde con bacalao Skrei, receta fácil con pescado de temporada

Las patatas en salsa verde son un guiso de los de toda la vida, la mar de sencillo y económico que sirve de base idónea para prácticamente cualquier pescado.

Preparación: 1 h	Comensales: 2
Tipo de comida: Principal	Tipo de cocina: Española

Con la primavera llega a su apogeo la temporada del bacalao Skrei, un pescado fresco que a partir de febrero se puede encontrar a buen precio en las pescaderías. Con él vamos a preparar unas ricas patatas en salsa verde a las que vamos a colocar un buen lomo de bacalao Skrei encima, para que así tengamos un plato completo.

Ingredientes

Para el guiso
- Bacalao fresco Skrei, 600 g
- Patatas medianas, 3
- Cebolleta, 1
- Ajo, 4 dientes
- Harina de trigo, 20 g
- Vino blanco, 120 ml
- Perejil picado
- Guindilla seca o cayena, 1
- Harina, para rebozar
- Huevo batido, para rebozar
- Sal
- Aceite de oliva virgen extra

Para el fumet
- La cabeza, pieles y espinas del bacalao
- Cebolla, 1
- Zanahoria, 1
- Puerro, 1
- Un par de ramitas de perejil
- Pimienta negra en grano, 1 cda

Pasos a seguir

Con un lomo de rape, de merluza o, como en esta ocasión, con un lomo de bacalao Skrei en temporada, esta receta se convierte en un modo perfecto para servir un plato completo pero también saludable, aprovechando los productos frescos y de temporada.

01: Limpiamos el bacalao

Aunque sin lugar a dudas vuestro pescadero de confianza os sacará los lomos del bacalao encantado y os lo preparará a la perfección, siempre podemos hacerlo nosotros mismos, sobre todo teniendo en cuenta que cuando realmente sale económico el bacalao Skrei es cuando se compra en mitades o en entero. Así, y aunque sea necesario comprar varios kilos de bacalao de una tacada, obtendremos unos buenos lomos, filetes e incluso migas de bacalao de los restos que nos queden en torno a las espinas. Y cómo no, toda la cabeza, espinas y pieles de los que obtendremos un fabuloso caldo o fumet de pescado.

Si queréis saber más sobre cómo limpiar el bacalao lo podéis descubrir al final de la receta.

02: Preparamos el fumet de pescado

En una olla colocamos las espinas, cabeza y pieles del bacalao, que habremos introducido previamente en agua y hielos para que se desangren bien y así el fumet de pescado no se enturbie y quede bien limpio.

Añadimos la verdura limpia y en entero a la cazuela, así como el perejil y la pimienta negra en grano. Salamos ligeramente y llenamos de agua justo hasta cubrir los ingredientes del caldo.

Ponemos el fumet al fuego y una vez arranque a hervir retiramos la espuma que produzca la ebullición con la ayuda de un cazo pequeño. Cocemos el fumet de pescado a borboteo lento durante 20 minutos.

Una vez preparado el fumet, retiramos del fuego y reservamos.

03: Guisamos las patatas en salsa verde

Cortamos las patatas en rodajas gruesas y las freímos en aceite de oliva durante 5 minutos, para que se doren ligeramente pero aún permanezcan crudas en su interior. Reservamos en papel absorbente.

En otra cazuela con aceite de oliva rehogamos el ajo picado con la cayena y añadimos la cebolleta también picada finamente. Una vez rehogada y sudada la verdura añadimos la harina y la cocinamos unos segundos en la grasa del sofrito. Añadimos a continuación el vino blanco, mezclamos y reducimos brevemente. Añadimos entonces el perejil picado y colocamos las patatas en rodajas sobre esta base dispuestas por toda la cazuela.

Cubrimos las patatas en salsa verde con el fumet de pescado previamente filtrado, hasta cubrir las patatas por completo. Mezclamos e introducimos las patatas en salsa verde al horno previamente precalentado a 180º C. Guisamos las patatas en salsa verde en el horno durante unos 40 minutos, o hasta que estén tiernas y cocinadas.

04: Rebozamos el bacalao Skrei

Salamos los lomos de bacalao por ambas caras y los enharinamos. Sacudimos el exceso de harina y pasamos los lomos de bacalao a un recipiente con huevo batido. Embadurnamos los lomos con el huevo hasta que estén bien empapados.

Freímos y rebozamos los lomos de bacalao en una sartén con una cantidad generosa de aceite de oliva a fuego medio, para que el bacalao se cocine bien por dentro sin que el rebozado se queme ni se tueste demasiado. El tiempo de cocción dependerá del grosor del bacalao, aunque con 3-4 minutos por cada lado debería ser suficiente.

Una vez rebozado el bacalao, lo escurrimos en papel absorbente para retirar el exceso de grasa.

05: Servimos las patatas en salsa verde con bacalao Skrei

Servimos las patatas en salsa verde con el lomo de bacalao Skrei rebozado encima.

Resultado

Aunque en esta ocasión hemos preparado las patatas en salsa verde con el bacalao Skrei rebozado sin más añadidos, siempre podéis mejorar la receta añadiendo productos que conjugan bien con esta salsa, como unas almejas, unos guisantes, un huevo cocido o unos espárragos.

Patatas en salsa verde con bacalao Skrei, receta tradicional y reconfortante para disfrutar de la primavera.

La Editorial Macpherson Magazine trae un nuevo libro, pero esta vez un libro de recetas o guía. Para poder hacer Patatas en salsa verde con bacalao Skrei, se mostrara paso a paso y con fotografías. Macpherson Magazine a partir de ahora, lanzará un libro de recetas de cada comida.

© 2019 Macpherson Magazine & Macpherson Records, Inc.

Lightning Source UK Ltd.
Milton Keynes UK
UKRC020810101019
351187UK00013BA/266